Medici
y rendic
en las emergencias

Una guía suficientemente buena

Intermón Oxfam

El *Emergency Capacity Building Project*

Medición de impacto y rendición de cuentas en las emergencias: Una guía suficientemente buena forma parte del proyecto Emergency Capacity Building Project, creado para abordar las lagunas en la respuesta internacional en caso de emergencia. Su objetivo es mejorar la velocidad, calidad y efectividad con que la comunidad humanitaria salva vidas, mejora el bienestar y protege los derechos de mujeres, hombres y niños afectados por la emergencia.

Agradecimientos

Los fondos del Emergency Capacity Building Project proceden de la Fundación Bill y Melinda Gates y de Microsoft Corporation. Sin su compromiso por mejorar la capacidad del sector, *Una guía suficientemente buena* no habría sido posible. Por eso queremos agradecerles su apoyo.

Colaboradores

Una guía suficientemente buena se basa en contribuciones del personal administrativo y de campo de las siguientes organizaciones:

- CARE Internacional
- Catholic Relief Services
- Comité de Rescate Internacional
- Mercy Corps
- Oxfam GB
- Save the Children
- World Vision International

Asimismo, esta obra también se basa en contribuciones del Proyecto Esfera, la Asociación de Rendición de Cuentas Humanitaria, el Active Learning Network for Accountability y Performance in Humanitarian Action, y muchas organizaciones más. El resto de referencias y fuentes de información utilizadas se mencionan en el Capítulo 8. Queremos expresar nuestro agradecimiento a todos ellos. Hemos incluido los nombres de los contribuidores individuales al final del libro.

Medición de impacto y rendición de cuentas en las emergencias

Una guía suficientemente buena

Emergency Capacity Building Project

Una guía suficientemente buena

Dirección colección: Fran Equiza
Coordinación producción: Elisa Sarsanedas

Impact Measurement and Accountability in Emergencies: The Good Enough Guide
This book was first published in the United Kingdon in March 2007 by Oxfam Publishing under
the Oxfam ISBN 978-0-85598-594-3
Spanish edition published by Intermón Oxfam under an agreement with Oxfam GB 2007.
© *English text, World Vision International for the Emergencies Capacity Building Project 2007.*
© *Spanish translation, World Vision International for the Emergencies Capacity BuildingProject*
2007.
© *This Spanish edition, Intermón Oxfam, 2007.*
Roger de Llúria, 15. 08010 Barcelona
Tel (93) 482 07 00. Fax (93) 482 07 07
E-mail: info@IntermonOxfam.org

Medición de impacto y rendición de cuentas en las emergencias: Una guía suficientemente buena
Este libro se publicó por primera vez en el Reino Unido en marzo de 2007 por Oxfam
Publishing de Oxfam ISBN 978-0-85598-594-3
Edición española de Intermón Oxfam, según acuerdo con Oxfam GB en 2007.
© Texto inglés, World Vision International for the Emergencies Capacity Building Project
2007.
© Traducción, World Vision International for the Emergencies Capacity Building Project
2007.
© Versión española, Intermón Oxfam, 2007.
Roger de Llúria, 15. 08010 Barcelona
Tel (93) 482 07 00. Fax (93) 482 07 07
E-mail: info@IntermonOxfam.org

1ª edición: noviembre 2007

ISBN: 978-84-8452-527-1
Depósito legal: B-55136-2007

Impresión: Igol, S.A.
Impreso en España
Impreso en papel exento de cloro.

Índice de la guía

Prólogo:
Elementos básicos de rendición de cuentas y medición de impacto

Una guía suficientemente buena ha sido confeccionada a partir de los elementos básicos de rendición de cuentas y medición de impacto definidos por las siete agencias del Emergency Capacity Building Project en un taller celebrado en Nairobi en febrero de 2006.

Elementos básicos de rendición de cuentas

El personal del proyecto humanitario debería, como mínimo:

1. Ofrecer información pública a los beneficiarios y demás partes interesadas sobre su organización, sus planes y derechos a ayuda de emergencia.

2. Asesorar continuamente a las personas que reciben ayuda.
   Este proceso debería iniciarse lo antes posible, al principio de la operación de ayuda humanitaria, y mantenerse con regularidad a lo largo de la misma.
   «Asesoramiento» significa intercambio de información e ideas entre la agencia y los beneficiarios de su trabajo. Dicho intercambio debe incluir:

   • Las necesidades y aspiraciones de los beneficiarios.

   • Los planes de la organización para el proyecto.

   • Los derechos de los beneficiarios.

   • La retroalimentación y las reacciones de los beneficiarios a la agencia sobre sus planes y los resultados esperados.

3. Establecer mecanismos de retroalimentación sistemáticos para permitir que:
   - las agencias informen a los beneficiarios del progreso y la evolución del proyecto,
   - los beneficiarios expliquen a las organizaciones si los proyectos satisfacen sus necesidades,
   - los beneficiarios expliquen a las organizaciones qué diferencia ha significado el proyecto para sus vidas.

4. Responder a la retroalimentación recibida, adaptarse a ella y evolucionar en consecuencia, y explicar a todas las partes interesadas los cambios aplicados y/o por qué un determinado cambio no se ha podido hacer.

Elementos básicos de medición de impacto

Medir el impacto significa calcular el cambio en las vidas de la gente (resultados) derivado de un proyecto humanitario buscando un equilibrio entre datos cualitativos y cuantitativos. El personal del proyecto humanitario debería, como mínimo:

1. Establecer una descripción básica (perfil) de las personas afectadas y las comunidades relacionadas.

2. Identificar lo antes posible los cambios deseados de común acuerdo con las personas afectadas.

3. Hacer un seguimiento de todas las aportaciones y resultados del proyecto, comparándolos con el cambio a que se aspira.

4. Recopilar y documentar perspectivas individuales y comunitarias mediante métodos participativos para:
   - entender mejor qué cambios desean,
   - ayudar a establecer valores de referencia y a hacer un seguimiento de los cambios.

5. Explicar de un modo transparente, honesto y objetivo la metodología y las limitaciones a todas las partes involucradas.

6. Usar la información obtenida para mejorar los proyectos regular y proactivamente.

¿Qué es...?

Medición de impacto

En *Una guía suficientemente buena* llamamos «medición de impacto» a la medición de los cambios que se producen a raíz de un proyecto de emergencia. No siempre es fácil realizar este cálculo durante una respuesta de emergencia, pero en su versión más simplificada significa preguntar a los afectados: «¿Qué impacto está teniendo nuestra actuación?». La visión que los afectados nos dan del proyecto y del impacto que este tiene es la más importante. Por eso, el proceso de rendición de cuentas, cuyo objetivo es asegurarse de que estas personas tengan voz y voto en las fases clave de la respuesta de emergencia, es básico.

Rendición de cuentas

La «rendición de cuentas» es el modo en que una organización equilibra las necesidades de distintos grupos en su toma de decisiones y sus actividades. La mayoría de ONG disponen de procesos para cumplir los requisitos de rendición de cuentas de grupos más poderosos, como donantes o gobiernos locales. Sin embargo, en *Una guía suficientemente buena* rendir cuentas significa involucrar a mujeres, hombres y niños afectados por una emergencia en la planificación, implementación y evaluación de nuestra respuesta a su emergencia, lo cual nos ayuda a garantizar que el proyecto tendrá el impacto deseado.

Beneficiarios

En *Una guía suficientemente buena*, los términos «personas afectadas por emergencias» y «beneficiarios» engloban a todos los miembros de estos grupos, independientemente de su edad, discapacidad, etnia, sexo, afectación por VIH o sida, religión, orientación sexual o clase social, a no ser que se indique lo contrario.

Suficientemente buena

En esta guía, ser «suficientemente buena» significa preferir las soluciones simples a las complicadas.

«Suficientemente buena» no significa que nos conformemos con una solución peor; significa aceptar que, en una respuesta de emergencia, adoptar un enfoque rápido y simple a la medición de impacto y la rendición de cuentas puede ser la única posibilidad práctica. Si la situación cambia, intente analizar la solución que haya elegido y revise su enfoque consecuentemente.

Cómo y por qué utilizar *Una guía suficientemente buena*

A menudo, durante una respuesta de emergencia nadie plantea las preguntas que ayudan a identificar qué funciona y qué no. Estas preguntas se dejan para los evaluadores; así, a veces información que podría influir en la toma de decisiones y salvar vidas no sale a la luz hasta pasada la crisis.

Un modo de descubrir qué diferencia o impacto está suponiendo un proyecto es preguntárselo a las mujeres, hombres y niños afectados por la emergencia. Las ONG llevan años prometiendo que les «rendirán cuentas» para conocer sus opiniones y convertirlas en el núcleo de la planificación e implementación de nuestra respuesta a su emergencia, y evaluar dicha respuesta. Pero a la práctica cumplir esta promesa resulta difícil. Demasiado a menudo, una combinación de factores (que incluyen falta de conocimientos, tiempo o personal, y la situación en sí) hacen que sea imposible llevar a cabo medición del impacto y rendición de cuentas durante la respuesta a la emergencia.

En febrero de 2006, miembros del personal de campo de siete ONG internacionales asistieron a un taller en Nairobi, en el cual analizaron críticamente la realidad de poner en práctica la medición de impacto y la rendición de cuentas sobre el terreno durante una emergencia. En este taller acordaron unas cuantas ideas centrales (o Elementos Básicos) que mostramos en las páginas 1–3. El resultado es este libro, las herramientas y el enfoque «suficientemente bueno».

Una guía suficientemente buena está pensada para gestores de proyecto y dirigentes sobre el terreno. Su objetivo es ayudarles a conseguir incorporar

la medición de impacto y la rendición de cuentas
a su trabajo. Este libro se basa en el trabajo de ONG
internacionales e iniciativas interinstitucionales como
Esfera, ALNAP, HAP y People In Aid. En la página 55
encontrará más información sobre estas iniciativas.

Esta guía no sustituye las políticas de las ONG individuales ni los principios comunes de las iniciativas
interinstitucionales; tampoco tiene la última palabra
en medición de impacto y rendición de cuentas.
Lo que *Una guía suficientemente buena* pretende es,
partiendo de unas cuantas ideas rápidas y simples,
ayudar al personal de campo a plantearse dos preguntas e incorporar las respuestas a la labor que desempe-
ñan y las decisiones que toman:

> *¿Qué impacto está teniendo nuestra actuación?*

> *¿Cómo podemos involucrar a las mujeres, hombres
> y niños afectados por una emergencia en la planificación,
> implementación y evaluación de nuestra respuesta?*

Cómo usar la guía

Puede leer los capítulos 1–5 de la *Guía* por separado
o en orden. Todos los capítulos incluyen enlaces
a posibles herramientas de medición de impacto
y rendición de cuentas en las emergencias (descritas
en el capítulo 6).

Pocas herramientas son nuevas; la mayoría son adap-
taciones del trabajo de organizaciones que forman
parte del Emergency Capacity Building Project
y la Asociación de Rendición de Cuentas Humanitaria,
así como de textos estándar. No constituyen una lista
exhaustiva, pero las recogemos aquí porque el personal de campo raramente tiene la oportunidad de docu-
mentarse u obtener herramientas para medir impacto
y rendir cuentas en plena respuesta a una emergencia.

Recuerde que las herramientas «suficientemente buenas» no son un programa fijo; son sugerencias, no recetas. Se pueden usar por separado o junto a otras herramientas. Use su propio criterio, habilidad y experiencia para decidir si utilizar o adaptar cada herramienta concreta.

Recuerde que el personal de campo necesita formación, asesoramiento y apoyo adecuados.

Adoptar el posicionamiento «suficientemente bueno» no significa que nos conformemos con una solución peor; simplemente, significa preferir las soluciones simples a las complicadas. Una herramienta que hoy es suficiente puede (y debería) ser revisada en el futuro, según cómo evolucionen las necesidades, los recursos o la seguridad.

En último lugar, pero no por ello menos importante, adoptar el posicionamiento «suficientemente bueno» significa elegir herramientas seguras, rápidas y fáciles de usar en el contexto en que se está trabajando.

Las preguntas que permiten discernir si una herramienta es «suficientemente buena» incluyen:

- ¿Podemos usar esta herramienta sin poner en peligro al personal de campo y a la gente afectada por la emergencia?
- ¿Cumple con los requisitos esenciales actualmente en este contexto?
- ¿Es verosímil?
- ¿Disponemos de los recursos (tiempo, personal, voluntarios y dinero) para usarla?
- ¿Es útil para quienes la aplican?
- ¿Es tan simple como necesaria?
- ¿Nos hemos basado en valores humanitarios, normas y directrices ampliamente aceptados?
- ¿Será «suficientemente buena» mañana? ¿Cuándo revisaremos el uso que hacemos de esta herramienta?

Capítulo 1:
Involucrar a la gente
en todas las fases

¿Por qué?

Es importante involucrar al máximo de partes interesadas posible (incluidos donantes, funcionarios del gobierno local, y otras ONG) en los proyectos; pero los códigos, principios, normas y declaraciones de objetivos humanitarios destacan que debe darse prioridad a las mujeres, hombres y niños afectados por la emergencia. Rendirles cuentas significa ofrecerles información oportuna y adecuada acerca de una organización y las actividades que propone, significa asegurarse de que puedan expresar sus opiniones, participar en el diseño del proyecto, decir qué esperan del proyecto y evaluar los resultados que obtenga. Los análisis indican que involucrar a la gente mejora el impacto del mismo. Los trabajadores de las organizaciones humanitarias afirman que la rendición de cuentas también es un derecho y un valor fundamental.

¿Cuándo?

Las ONG internacionales a menudo asumen que todo el mundo sabe quién son y a qué se dedican, y a veces no es así. Empiece a dar información pública sobre su organización en cuanto la situación y la seguridad lo permitan.

Asimismo, intente proporcionar lo más a menudo posible información sobre planes de proyecto y los derechos de mujeres, hombres y niños afectados por la emergencia (incluido su derecho a ayuda humanitaria y rendición de cuentas). Dé información en todas las fases del ciclo del proyecto, hasta que haya completado su estrategia de salida.

¿Cómo?

Use todos los métodos que tenga a su alcance, incluidos carteles de anuncios, reuniones, periódicos y emisiones de radio, para ofrecer información pública y relativa al proyecto en los idiomas locales. Asegúrese de que el personal, especialmente los nuevos miembros, reciban información acerca de su organización y su labor (**Herramienta 1**). Asegúrese de que la información llegue tanto a mujeres como a hombres durante la evaluación de necesidades y el seguimiento, y de que no haya mujeres, niños u otras personas afectadas por la emergencia que queden excluidos. Use la **Herramienta 2** para valorar su rendición de cuentas.

Use el posicionamiento «suficientemente bueno» y sus conocimientos de la situación, los recursos y la seguridad locales para decidir qué otras herramientas utilizar. Los capítulos 2–5 ofrecen más sugerencias sobre cómo involucrar a la gente durante todo el proceso.

Propuesta de herramientas

Implicación e información de la población en Sri Lanka

Poco después del tsunami del año 2004 en el sudeste asiático, creamos un comité de programa en Ampara. Celebramos una gran reunión pública y pedimos a la población que designara a 15 voluntarios para respaldar el trabajo, e hicimos el análisis con estos voluntarios.

A efectos de transparencia, colgamos la lista de beneficiarios en un tablero de anuncios público, incluyendo los criterios utilizados para seleccionarlos. Dimos un plazo de una semana para que la comunidad revisara la lista y presentara quejas. Hicimos lo mismo en Batticaloa. Vamos a editar un folleto de 4 páginas sobre nuestro trabajo para que la gente nos conozca.

Fuente: Cherian Mathew, Oxfam GB, Sri Lanka.

Capítulo 2:
Definir el perfil de las personas afectadas por la emergencia

¿Por qué?

Establezca un perfil básico de la población para acabar de decidir quién necesita más su ayuda. Una emergencia afecta de distintos modos a hombres y mujeres. Algunas personas correrán más riesgos que otras a consecuencia de su edad, discapacidad, etnia, estatus social o religión.

Es esencial disponer de información básica sobre la población para poderse poner a tomar decisiones sobre su respuesta. Las organizaciones que se ponen manos a la obra sin primero evaluar quién ha sido afectado y de qué modo corren el riesgo de ofrecer asistencia innecesaria, inapropiada o que no llegue a los más vulnerables.

¿Cuándo?

Las organizaciones humanitarias tienen que actuar enseguida si hay vidas en peligro inminente. No hace falta que espere a disponer de información perfecta acerca de los afectados, pero empiece a trazar su perfil lo antes posible durante la fase de evaluación de las necesidades. Actualice continuamente su información y modifíquela a medida que la situación cambie u obtenga datos nuevos.

¿Cómo?

Todas las emergencias son distintas. Los desastres de desencadenamiento lento pueden ofrecer más tiempo para la evaluación, pero en caso de conflicto o de emergencias repentinas, es posible que obtener información sea difícil y peligroso tanto para el personal de campo como para los beneficiarios. Por eso es muy importante que el personal sepa de qué información secundaria dispone. La información secundaria puede proceder de:

- su personal de campo local,
- los archivos de su organización,
- otra organización, como por ejemplo el gobierno, las Naciones Unidas o una ONG local o internacional.

Por ejemplo, es posible que los gobiernos y las agencias de las Naciones Unidas dispongan de datos estadísticos relativos al área afectada por la emergencia.

Sin embargo, en la mayoría de emergencias es posible involucrar al menos a parte de los beneficiarios justo antes de iniciar la respuesta. Puede continuar con el perfil de los afectados cuando el tiempo se lo permita y el acceso resulte más fácil.

Los equipos de evaluación deberían incluir tanto hombres como mujeres: un equipo formado únicamente por hombres podría tener problemas para evaluar la vulnerabilidad femenina. Este equipo debería hablar con mujeres y hombres y valorar las necesidades de otros grupos con mayor riesgo, como por ejemplo los niños (**Herramienta 8**). Siempre que sea posible, el personal debería intentar contrastar la información que recibe para asegurarse de que sea correcta.

Intente coordinar la asistencia con ONG locales e internacionales siempre que sea posible: haga valoraciones conjuntas, aproveche los recursos locales, comparta información y decisiones y/o identifique lagunas.

Propuesta de herramientas

Implicación de personas afectadas por una emergencia antes de iniciar la respuesta humanitaria

En las crisis repentinas es importantísimo actuar rápidamente, pero siempre es posible hablar con algunas personas afectadas. Debido a las restricciones de tiempo sólo se podrán realizar unas cuantas entrevistas, así que hay que elegir cuidadosamente a los entrevistados.

El primer paso es identificar las áreas más afectadas partiendo de información secundaria e informantes clave. En segundo lugar, se eligen los grupos más vulnerables consultando rápidamente *in situ* a distintas partes interesadas. Finalmente, se hace un muestreo aleatorio para elegir informadores individuales o grupos de informadores.

Estos tres pasos se pueden hacer en menos de tres horas cada uno, aunque con más tiempo el proceso mejora.

Las organizaciones no deberían retrasar el despliegue de recursos inicial hasta disponer de información perfecta, pero sí deberían adaptar sus actividades a medida que mejore la calidad de la información. Valoración e implementación deben ser dos procesos paralelos.

Fuente: IFRC (2005). *Informe mundial de desastres 2005.*

Capítulo 3:
Identificar qué cambios quiere ver la gente

¿Por qué?

Las personas afectadas por una emergencia son quien mejor puede valorar sus propios intereses. Los cambios que quieren ver son indicadores importantes de la diferencia que un proyecto puede suponer y de qué impacto tendrá. Si los beneficiarios tienen la posibilidad de identificar dichos cambios y contribuir en la toma de decisiones, es probable que el impacto del proyecto sea mayor. De lo contrario es posible que la respuesta no consiga su objetivo, excluya a grupos vulnerables, malgaste dinero y empeore el sufrimiento.

Las personas que hayan participado en el diseño de un proyecto están más predispuestas a sentirlo como algo suyo y a aceptar su responsabilidad sobre el mismo. Este punto es especialmente importante cuando las ONG proporcionan equipamientos, como por ejemplo bombas de agua o letrinas, que requieren que la comunidad los mantenga a largo plazo.

¿Cuándo?

Al inicio de una respuesta, la presión de los medios de comunicación, los donantes y los gobiernos puede ser abrumadora, y puede llevar a las organizaciones a hacer promesas y aceptar compromisos que tal vez no sean capaces de cumplir; pero en cuanto sea posible, pregunte a los afectados cómo se sienten y qué quieren que ocurra a raíz del proyecto. Al fin y al cabo, lo que ha sufrido un vuelco son sus familias, sus hogares y su mundo.

Esta consulta no puede ser una única reunión una vez ya se han tomado todas las decisiones importantes: tiene que ser sinónimo de comunicación puntual de la información relevante para ayudar a la gente a tomar decisiones, y sinónimo de negociación a lo largo del proyecto y de una postura abierta y realista sobre lo que su organización puede y no puede hacer.

¿Cómo?

Si es posible, use varios métodos para realizar esta consulta: por ejemplo, una reunión de los vecinos del pueblo (**Herramienta 3**) más grupo de análisis (**Herramienta 6**) para llegar a distintas personas. Mantenga conversaciones distintas para descubrir qué quieren distintos grupos de la comunidad. No asuma que las figuras de autoridad tradicional hablen en nombre de mujeres, niños, personas mayores u otros grupos potencialmente vulnerables o marginados.

Utilice las consultas como base para empezar a desarrollar indicadores cualitativos y cuantitativos importantes para la comunidad (**Herramienta 10**). Redacte un informe básico por escrito de las conversaciones, las necesidades que haya identificado, y los indicadores que haya marcado (incluso si los donantes no se lo piden). Use estos informes para medir el cambio y el impacto, documentar lecciones importantes que haya aprendido y dar al personal información sobre el proyecto y las actividades (**Herramienta 11**).

Propuesta de herramientas

Consulte a la gente lo antes posible qué quiere que ocurra

Después de los tsunamis del año 2004, gobiernos, ONG y contratistas privados actuaron rápidamente para ofrecer casas provisionales a las familias que habían perdido su hogar, pero muy pocas veces involucraron a las familias afectadas en la planificación. En los peores casos, algunas casas estuvieron mal diseñadas, hasta el extremo de resultar inhabitables, y tuvieron que ser derribadas.

En un plan piloto en Sri Lanka, Oxfam organizó talleres de planificación con la participación de mujeres y hombres sin hogar. Oxfam utilizó normas e indicadores globales procedentes del Proyecto Esfera. Además, antes de empezar a construir, el personal de campo acordó el tamaño de las casas, así como su diseño, materiales y construcción, con las familias afectadas.

Fuente: Ivan Scott, Oxfam GB.

Capítulo 4:
Hacer un seguimiento de los cambios y transformar la retroalimentación en un proceso recíproco

¿Por qué?

Haga un seguimiento de los bienes entregados y los servicios prestados para saber si las actividades del proyecto están funcionando bien. Al mismo tiempo, pida opiniones y comentarios, incluidas quejas, a las personas afectadas por la emergencia para saber si el proyecto está obteniendo los resultados que desean. Transforme la retroalimentación en un proceso recíproco: informe a los beneficiarios del progreso basándose en los indicadores, y responda a los problemas que planteen.

El seguimiento de los cambios y la retroalimentación recíproca son básicos para:

- Tomar decisiones y hacer mejoras.
- Identificar lagunas, nuevas necesidades y posibles problemas.
- Apoyar al personal y responder a su labor.
- Asegurarse de que el dinero esté bien invertido.
- Mantener a la comunidad y a las demás partes interesadas informadas e involucradas.
- Rendir cuentas.

La retroalimentación puede ser positiva o negativa, pero las quejas significan que algo puede haber ido mal. Es importante disponer de un mecanismo de quejas y respuestas para medir el impacto, rendir cuentas, y aprender. Además, es esencial para identificar cualquier tipo de corrupción, abuso o explotación.

¿Cuándo?

El seguimiento, la retroalimentación y los informes a las personas afectadas por la emergencia deberían producirse con la mayor frecuencia posible a lo largo del proyecto. Este punto es especialmente importante si hay mucho movimiento de personal de campo, ya que mantiene la continuidad y una comprensión común del enfoque del problema. Al inicio del proyecto debería establecerse un sistema de quejas y respuestas lo antes posible (**Herramienta 12**).

¿Cómo?

Use los informes del proyecto para preparar preguntas que permitan hacer un seguimiento del progreso de los cambios partiendo de indicadores ya establecidos. Si no se han desarrollado indicadores con la comunidad, aproveche la retroalimentación para hacerlo.

Recopile y documente opiniones individuales y colectivas acerca del proyecto. Asegúrese de que los distintos grupos de la comunidad puedan expresar su opinión y hacer comentarios por separado si es necesario. Siempre que sea posible, coordínese con otras ONG locales e internacionales, compartiendo información o invitándoles a participar en sus reuniones de lecciones aprendidas (**Herramienta 11**).

No recopile más información de la que podrá analizar y utilizar. Informe con la mayor frecuencia posible a los comités y grupos afectados y otras partes interesadas relevantes. Si puede, use fotografías, vídeos y murales para mostrar los cambios que se han producido desde el inicio del proyecto. ¿Qué progreso ha habido respecto de los indicadores marcados?

¿Qué está aprendiendo de la retroalimentación y de las quejas? Si su informe se basa en información limitada, procedente tal vez de un pueblo pequeño o de un grupo de análisis, indíquelo y explique las razones. ¿Se ha producido algún cambio o retraso en el proyecto? Explique los motivos. Después de presentar su informe permita que le hagan comentarios.

Propuesta de herramientas

Seguimiento de la retroalimentación de los beneficiarios en Darfur

El personal de Medair pidió a 800 pacientes de 10 clínicas de Darfur occidental su opinión acerca de los servicios que habían recibido.

Tras visitar la clínica, cada paciente puso un disco con una cara sonriente o no tan sonriente en uno de los tres recipientes distintos preparados a tal efecto. El disco indicaba su grado de satisfacción con 1) tiempo de espera, 2) comportamiento del personal, y 3) calidad de la información sobre los medicamentos prescritos.

El personal podría calcular fácilmente el grado de satisfacción contando las sonrisas y los ceños fruncidos, y expresarlos en porcentajes que servían de indicadores cuantitativos para comprobar posibles cambios en el grado de satisfacción en el futuro.

Fuente: Rebekka Meissner, Zachariah Ahmed Adam y Robert Schofield, Medair.

Capítulo 5:
Usar la retroalimentación para mejorar el impacto del proyecto

¿Por qué?

El seguimiento del proyecto, la retroalimentación que se recibe sobre el mismo y los informes ayudan a los equipos de campo a saber qué funciona y qué no funciona durante el proyecto. Cualquier error puede tener consecuencias graves para las personas afectadas por una emergencia. Compartir lo aprendido e ir adaptando el proyecto en curso significa que las buenas prácticas se podrán repetir y las prácticas menos buenas se rectificarán lo antes posible.

¿Cuándo?

Analice, resuma y suministre la información procedente del seguimiento y la retroalimentación de los beneficiarios a las reuniones de planificación cuanto antes. Si esta información no se utiliza, haberla recopilado es una pérdida de tiempo y recursos para el personal y los beneficiarios.

Si es necesario, emprenda acciones urgentes antes de que se celebren las reuniones de planificación programadas, por ejemplo si el seguimiento revela alguno de los casos siguientes: evidencia de mala calidad, riesgo para el personal o los beneficiarios, o acusaciones de corrupción o abuso sexual. Comparta el éxito y el crédito al final del proyecto o cuando lo ceda a la comunidad.

¿Cómo?

Base sus decisiones y posibles modificaciones del proyecto en la información obtenida a través de la retroalimentación o del seguimiento del progreso respecto de los indicadores. La **Herramienta 12** y el recuadro de la página 27 demuestran que los mecanismos de seguimiento y queja permiten identificar lagunas y mejorar el impacto y la cobertura de un proyecto.

Reflexione sobre las preguntas más frecuentes o las quejas que haya recibido: ¿Puede incluir las respuestas en listas de datos básicos para el personal de campo (**Herramienta 1**) o en hojas informativas para las personas afectadas por la emergencia?

Evalúe la posibilidad de invitar a los beneficiarios a una reunión de lecciones aprendidas. Mantenga un registro escrito de las conversaciones que hayan llevado a cambios significativos en el proyecto y sus motivos. Comparta los informes de progreso con los beneficiarios (**Herramienta 13**). No olvide despedirse al final del proyecto. Comparta el éxito, las lecciones aprendidas y el crédito con la comunidad. Marque el final del proyecto con la formalidad, cortesía y celebración adecuadas (**Herramienta 14**).

Propuesta de herramientas

Uso de la retroalimentación infantil para intentar mejorar el impacto

El proyecto C-SAFE del sur de África corre a cargo de CARE, Catholic Relief Services, World Vision y la Agencia Adventista para el Desarrollo y Recursos Asistenciales (ADRA). Su ejercicio de «escuchar a los niños» en Zimbabwe pretendía hacer un seguimiento de un programa de alimentación en escuelas y entender la inseguridad alimentaria desde la perspectiva de los niños.

El personal de C-SAFE se sirvió de entrevistas individuales y grupos de análisis. Se seleccionaron cinco escuelas de cada distrito de Zimbabwe y se entrevistó a tres niños de cada clase al mes. Se organizaron grupos de análisis separados para las niñas y niños más mayores. En total entrevistaron a 5.000 niños.

Los resultados iban más allá de los indicadores cuantitativos acerca de los niños (edad, altura, peso), por muy importantes que sean. C-SAFE descubrió que muchos compañeros de clase de los entrevistados no podían abonar la pequeña cantidad que cobran las escuelas para cubrir el coste de preparar la comida. En algunos casos, no se permitía a los niños comer, y en otros, no se les permitía acudir a la escuela.

Aunque este dinero era necesario para algunas escuelas, los análisis revelaron que hacía más mal que bien. Por eso, C-SAFE consultó a funcionarios del gobierno local y a directores de escuela cómo retirar o suavizar estas tasas, y al mismo tiempo recogió fondos para las escuelas más necesitadas.

Fuente: Consorcio para emergencias en seguridad alimentaria en África meridional, septiembre de 2005.

Capítulo 6:
Herramientas

Lista de herramientas

Cómo usar las herramientas «suficientemente buenas»

Recuerde: adoptar el posicionamiento «suficientemente bueno» significa elegir herramientas esenciales, seguras, rápidas y fáciles de usar en la situación en que se está trabajando. Estas herramientas no son un programa fijo; son sugerencias, no recetas. Tampoco son las únicas herramientas: use su propia experiencia y criterio para decidir si utilizar una herramienta en concreto, cuándo utilizarla y cómo adaptarla al momento y lugar en que está trabajando.

Las preguntas que pueden ayudarle a discernir si una herramienta es «suficientemente buena» incluyen:

- ¿Podemos utilizar esta herramienta sin poner en peligro al personal de campo y a la gente afectada por la emergencia?

- ¿Cumple con los requisitos esenciales actualmente en este contexto?

- ¿Es verosímil?

- ¿Disponemos de los recursos (tiempo, personal, voluntarios y dinero) para usarla?

- ¿Es útil para quienes la aplican?

- ¿Es tan simple como necesaria?

- ¿Nos hemos basado en valores humanitarios, normas y directrices ampliamente aceptados?

- ¿Será «suficientemente buena» mañana? ¿Cuándo revisaremos el uso que hacemos de esta herramienta?

Herramienta 1:
Cómo presentar su agencia:
lista de verificación básica

Esta lista de verificación se puede utilizar para asegurarse de que el personal de campo conozca las respuestas a las preguntas que puedan plantearles beneficiarios, funcionarios del gobierno u otras personas. Puede utilizarla al inicio de un proyecto o junto a la **Herramienta 11** para formar personal nuevo.

¿Quiénes somos?

1. ¿Qué es una ONG?
2. ¿Qué objetivo tenemos?
3. ¿Por qué está nuestra agencia aquí?
4. ¿De dónde proceden nuestros fondos?

Nuestro objetivo

5. ¿Qué podemos hacer por la gente afectada por la emergencia en cada uno de esos campos?
    a) Agua y servicios sanitarios
    b) Alojamiento
    c) Sustento
    d) Fomento de la sanidad pública
    e) Proyectos de otros tipos
6. ¿Por qué hacemos esto y no otras cosas?

El proyecto y la comunidad

7. ¿Qué área cubre nuestro proyecto?
8. ¿Quién lo ha decidido?
9. ¿Quién ha participado en la decisión de las actividades de proyecto?
10. ¿Cuál es el plan del conjunto del proyecto?
11. ¿Cuánto tiempo durará?
12. ¿Quiénes son los beneficiarios?
13. ¿Por qué se ha elegido a unas personas y no a otras?
14. ¿Quién ha formado parte de la decisión de quiénes deberían ser los beneficiarios?

15. ¿Cómo funciona el proyecto? ¿Cómo participan los beneficiarios?
16. ¿Cómo contribuirán los beneficiarios?
17. ¿Cómo contribuiremos nosotros?
18. ¿Cuánto nos cuestan los materiales?
19. ¿Cuánto hemos progresado este mes? ¿Qué plan tenemos para el mes que viene?
20. ¿Cuáles son los principales desafíos a que se enfrentará el personal técnico este mes?
21. ¿Qué hará el personal técnico para afrontar dichos desafíos?
22. ¿Qué recibirán los beneficiarios exactamente?
23. ¿Cuándo lo recibirán?

Cómo reaccionar ante problemas o quejas (véase también la Herramienta 13)

24. ¿Qué se puede hacer si algo falla en el proyecto?
25. ¿Qué se puede hacer si hay algún problema con un líder o un miembro de la comunidad que colabora con nosotros?
26. ¿Qué se puede hacer si hay algún problema (corrupción, fraude, mal comportamiento) con un miembro de nuestro personal?

Otras organizaciones y el gobierno

27. ¿Qué otras ONG trabajan en el lugar en que se desarrolla el proyecto?
28. ¿Qué hacen?
29. ¿Qué asistencia puede proporcionar el gobierno? ¿Cómo podemos acceder a ella?
30. ¿A qué otros problemas nos enfrenamos?
(Por ejemplo, desplazamientos, falta de acceso a la tierra, imposibilidad de reunirse con funcionarios del gobierno para resolver problemas.)

Fuente: T. Gorgonio y A. Miller (2005). *Need To Know List,* Oxfam GB (documento de uso interno, adaptado).

Herramienta 2:
¿En qué grado debe usted rendir cuentas?
Cómo comprobar la información pública

Esta herramienta puede ayudarle a comprobar si está ofreciendo información básica sobre su agencia y el proyecto a las personas afectadas por la emergencia. Preguntando a la gente qué información ha recibido puede comprobar cómo le ven y si les está proporcionando la información que necesitan en el momento adecuado y del modo adecuado.

Esta herramienta se puede utilizar en distintas fases del proyecto: al principio, puede ayudarle a explicar quién es y qué hace su organización (véase también la **Herramienta 1**); más adelante, después de modificaciones significativas (por ejemplo, si se reduce la ración de alimento), y al final del proyecto, en el marco de su estrategia de despedida.

Para miembros del equipo de campo

¿Ha proporcionado la información de la lista de verificación (p. 33) a los beneficiarios y a sus representantes de un modo accesible?

Para personas afectadas por una emergencia

¿Le ha suministrado el personal del proyecto la información de la lista de verificación (p. 33)?

Lista de verificación

Información básica	Sí	No
1. Información general de la ONG.		
2. Detalles del proyecto actual.		
3. Información de contacto del proyecto.		
Informes sobre la implementación del proyecto		
4. Informes regulares sobre los resultados del proyecto.		
5. Informes financieros regulares.		
6. Información sobre modificaciones significativas al proyecto.		
Oportunidades de implicación		
7. Fechas y lugares de acontecimientos de participación clave.		
8. Datos de contacto específicos para comentarios o sugerencias.		
9. Detalles sobre cómo presentar quejas sobre las actividades de la ONG.		

Fuente: A. Jacobs (2005). «Rendición de cuentas a beneficiarios: un listado práctico», borrador, Mango para Oxfam GB (adaptación).

Herramienta 3:
Cómo involucrar a la gente durante todo el proyecto

Esta herramienta sugiere métodos para informar, consultar, involucrar e informar a la gente afectada por una emergencia en todas las fases del proyecto. Fue desarrollada originalmente para utilizarse en pueblos de Aceh, pero se puede adaptar a otros lugares.

Antes de la valoración

- Establezca y enuncie claramente los objetivos de la valoración.
- Si es posible, informe a la comunidad y a las autoridades locales con la suficiente antelación de que va a realizar la evaluación.
- Incluya tanto a mujeres como a hombres en el equipo de proyecto.
- Haga una lista de los grupos vulnerables que se deberán identificar durante la evaluación.
- Compruebe qué han hecho otras ONG en esa comunidad y hágase con una copia de sus informes.

Durante la evaluación

- Presente a los miembros del equipo y explique su función.
- Explique el esquema de la evaluación.
- Invite a los representantes de la población local a participar.
- Cree espacio para que individuos o grupos puedan hablar abiertamente.
- Mantenga conversaciones y entrevistas aparte con distintos grupos, como por ejemplo funcionarios locales, grupos de la comunidad, hombres, mujeres, personal local.
- Pida a estos grupos su opinión acerca de necesidades y prioridades. Infórmeles de todas las decisiones que tome. Nota: Si no es posible consultar a todos los grupos de la comunidad al mismo tiempo, indique claramente qué grupos han sido omitidos en esta ocasión e intente reunirse con ellos lo antes posible. Redacte sus resultados y describa su metodología y las limitaciones que tenga. Parta de este análisis para tomar decisiones en el futuro.

Durante el diseño del proyecto

- Entregue los resultados de la evaluación a la comunidad y a las autoridades locales, incluido el comité del pueblo y los representantes de los grupos afectados.
- Invite a los representantes de la población local a participar en el diseño del proyecto.
- Explique a la gente qué derechos tiene como personas afectadas por un desastre.

- Permita al comité del pueblo participar en la confección del presupuesto del proyecto.
- Verifique el diseño del proyecto con distintos grupos de beneficiarios.
- Diseñe un mecanismo de quejas y respuestas.

Durante la implementación del proyecto

- Invite a la comunidad local, al comité del pueblo y a las autoridades locales a participar en la definición de criterios para elegir beneficiarios.
- Haga públicos los criterios y muéstrelos en un espacio público.
- Invite a la comunidad local y al comité del pueblo a participar en la selección de beneficiarios.
- Anuncie a los beneficiarios y exponga la lista en un espacio público.
- Anuncie los mecanismos de quejas y respuestas y el foro en el cual los beneficiarios puedan presentar sus quejas.

Durante la distribución

- Si contrata personal adicional para la distribución, anúncielo públicamente, por ejemplo en un periódico.
- Forme un comité de distribución que incluya el comité del pueblo, el/los funcionario(s) gubernamental(es) y el personal de la ONG.
- Analice en qué modo la distribución incluirá a las personas más vulnerables, como discapacitados, gente mayor y otros grupos pobres o marginados.
- Informe por adelantado a las autoridades locales y a la comunidad de la fecha y el lugar en que se producirá la distribución, siempre y cuando la situación de seguridad lo permita.
- Enumere los objetos de la distribución y su coste, y muestre esta lista en un lugar público antes de iniciar la distribución.
- Para que las personas que viven muy lejos del pueblo o del punto de distribución no queden excluidas, plántese la posibilidad de sufragarles el viaje.
- Para que personas vulnerables como por ejemplo mujeres embarazadas no queden excluidas, distribúyales la ayuda en primer lugar.
- Asegúrese de que la gente sepa cómo presentar una queja.

Durante el seguimiento

- Invite al comité del pueblo a participar en el proceso de seguimiento.
- Comparta sus resultados con el comité del pueblo y la comunidad.

Fuente: S. Phoeuk (2005). «Guías prácticas en rendición de cuentas humanitarias», Oxfam GB Camboya (documento de uso interno, adaptado).

Herramienta 4:
Cómo determinar el perfil de la comunidad afectada y evaluar las necesidades iniciales

Esta herramienta puede ayudarle a hacer un perfil de una comunidad afectada.

Se puede utilizar junto a la **Herramienta 5** y a la **Herramienta 6**, y repetirse a medida que la situación cambia.

Preguntas sugeridas

1. ¿Qué trasfondo tienen el grupo o grupos afectados? ¿Se trata de grupos urbanos o rurales?

2. ¿Cuál es el número aproximado de personas afectadas, y qué características demográficas tienen? (Desglose la población por sexo y niños menores de cinco años. Incluya las cifras de niños de entre 5 y 14 años, las mujeres embarazadas o en periodo de lactancia, y las personas mayores de 60 años si dispone de los datos.)

3. ¿Qué personas están marginadas o separadas en este grupo de población (por ejemplo, familias encabezadas por una mujer, niños sin acompañante, discapacitados, enfermos, ancianos, minorías étnicas, etc.)? ¿Tienen necesidades específicas? ¿Cómo les ha afectado la crisis actual?

4. ¿Hay alguna agrupación particular familiar, étnica, religiosa o de otro tipo entre las personas afectadas? ¿Hay algún grupo al cual sea particularmente difícil de acceder?

5. ¿Quiénes son las personas clave a quien contactar/consultar? ¿Hay algún miembro de la comunidad o algún anciano que lidere a la gente afectada por la emergencia? ¿Hay organizaciones con experiencia a nivel local (por ejemplo, iglesias, mezquitas u ONG locales) que puedan participar en la toma de decisiones?

6. ¿Cuáles son los principales riesgos en salud y protección contra violencia a que se enfrentan los distintos grupos de personas afectadas por esta emergencia? Y ¿qué organización los está abordando?

¿Cuántas mujeres han sido afectadas?
¿Tienen necesidades específicas?

«En las primeras fases en Gujarat, nuestros equipos de distribución estaban formados casi exclusivamente por hombres. Las directrices ESFERA nos impulsaron a llevar a un equipo formado únicamente por mujeres a comunidades afectadas por terremotos para hablar con mujeres. Como resultado desarrollamos un kit de higiene para mujeres y obtuvimos fondos para 23.000 kits.»

«La mayoría de operaciones de asistencia inmediata en Sri Lanka no tenían en cuenta el sexo de las personas afectadas. Pocas organizaciones se plantearon proporcionar productos de higiene personal, ropa interior o ropa culturalmente apropiada a las mujeres. No se respondió adecuadamente a las necesidades de mujeres embarazadas o en período de lactancia.»

Fuente: Srodecki (2001); IFRC (2005).

Fuente: Oxfam (sin fecha). *Background Information: Checklist for Rapid Assessments In Emergencies* (adaptación); IFRC (2000). *Disaster Preparedness Training Manual* (adaptación); IFRC (2005). *Informe Mundial sobre Desastres 2005* (adaptación); J. Srodecki (2001). *World Vision use of Sphere standards in a large scale emergency: a case study of the spring 2001 Gujarat response,* World Vision (documento de uso interno, adaptado).

Herramienta 5:
Cómo efectuar una entrevista individual

Las entrevistas individuales se pueden utilizar durante evaluaciones o encuestas. Una entrevista individual puede ser una conversación de diez minutos en una visita informal o una conversación más larga y estructurada en la que se utilicen una serie de preguntas sobre un tema determinado. Sea cual sea el caso, céntrese en la información esencial y construya la entrevista basándose en preocupaciones relevantes. Por ejemplo, puede determinar el perfil y evaluar las necesidades, hacer un seguimiento de los cambios o pedir retroalimentación.

Intente entrevistar a la gente en momentos seguros y convenientes tanto para el personal como para los entrevistados. El tiempo que su entrevistado tenga disponible debería determinar la duración de la entrevista. Asegúrese de que los entrevistados entiendan por qué quiere hablar con ellos y qué hará con la información que le proporcionen. No utilice nunca los nombres de la gente si usa información sin su permiso expreso o el de su tutor.

Empiece con preguntas factuales y relativamente fáciles de responder con una respuesta directa. Si es necesario pasar a temas más sensibles, hágalo solamente cuando el entrevistado se sienta más cómodo.

Asegúrese de que la gente se da cuenta de que valora su tiempo y su participación: no acabe la entrevista demasiado abruptamente. Acepte la responsabilidad por el efecto que provoque en su entrevistado si comentan temas sensibles.

Registre, almacene y utilice la información de un modo seguro.

Algunos puntos básicos para las entrevistas

- Intente asegurarse de contar con un buen traductor.
- Localice en primer lugar a los ancianos/líderes, explique quién es usted y qué está haciendo, y pídales permiso para entrevistarles.
- Pida permiso antes de hacer una entrevista; por ejemplo, «¿Me permite hacerle un par de preguntas sobre las condiciones locales?» Al final, déles las gracias.
- Intente priorizar las conversaciones con mujeres y niños, así como con otras personas que puedan estar experimentando dificultades especiales.
- Intente entrevistar al menos a tres familias de cada lugar para contrastar la información que recibe.
- Asegúrese de incluir a las personas que vivan en los límites del campamento o municipio, ya que ahí podría encontrar a las familias más pobres viviendo literalmente al margen de la humanidad.
- Intente evitar, si puede, que le sigan grandes grupos de gente, ya que esto puede intimidar a entrevistados y entrevistadores.

Fuente: Schofield (2003)

Fuente: S. Burns y S. Cupitt (2003). *Managing outcomes: a guide for homelessness organisations,* Charities Evaluation Services (adaptación); R. Schofield, Medair (documento de uso interno, adaptado).

Herramienta 6:
Cómo dirigir un grupo de análisis

Si es posible, organice unos cuantos grupos de análisis
y compare la información que obtiene de estas y otras fuentes.

¿Qué es un grupo de análisis?

Se invita a entre seis y doce personas para comentar en detalle temas específicos.

El grupo de análisis puede reunir a personas que tienen algo
en común. Pueden tener un problema en común, o no poder
hablar en reuniones más amplias (es el caso por ejemplo
de gente joven, mujeres o grupos minoritarios), o ser personas cuya relación con la comunidad es periférica, como
los nómadas. Es mejor que se celebren sin la presencia
de líderes o personas con autoridad; entrevístelos aparte.

¿Por qué solamente entre seis y doce personas?

En un grupo más grande:
- El turno de palabra estará limitado y las personas dominantes hablarán más.
- El facilitador tendrá que controlar más la conversación.
- Algunos miembros del grupo se frustrarán si no pueden hablar.
- Los participantes empezarán a hablar unos con otros en lugar de al conjunto del grupo.
- El grupo podría perder concentración y empezar a hablar de otro tema.

¿Qué necesita?

- Un facilitador experto: un hablante nativo del idioma que pueda tomar la iniciativa, incorporar a las personas que no estén hablando e impedir que otras hablen demasiado.
- Tiempo para preparar preguntas abiertas y seleccionar a los miembros del grupo de análisis.
- Una o a veces dos personas que anoten lo que se diga.
- Un idioma común.
- Un lugar tranquilo en el que nadie oiga lo que se discute ni interrumpa.
- Sentarse cómodamente en círculo.

- Comprensión y acuerdo conjuntos sobre el objetivo de la discusión.
- Normas básicas, por ejemplo: nadie tiene el derecho de hablar; nadie tiene la respuesta correcta; se ruega no interrumpir.
- Permiso del grupo para tomar notas (o tal vez utilizar una grabadora).
- Aproximadamente una hora y media y algunos refrescos.

¿Qué ocurre?

- El facilitador se asegura de que todo el mundo tenga la oportunidad de hablar y de que el tema de la conversación no cambie.
- La persona encargada toma notas.
- Al final de la sesión el facilitador hace una breve enumeración de lo que se ha dicho por si acaso alguien tiene algo a añadir.
- El facilitador comprueba que el acta recoja los puntos principales y refleje el nivel de la implicación de los participantes en la conversación.

Fuente: V. M. Walden (sin fecha). *Focus group discussion*, Oxfam (documento de uso interno, adaptado); L. Gosling y M. Edwards (2003). *Toolkits: a practical guide to planning, monitoring, evaluation and impact measurement,* Save the Children (adaptación); USAID (1996). *Performance Monitoring and Evaluation TIPS No. 10,* USAID Centre for Development Information and Evaluation (adaptación).

Herramienta 7:
Cómo decidir si realizar una encuesta

Las encuestas se pueden utilizar para obtener información de un gran número de personas antes, durante o después de un proyecto. Son herramientas útiles, pero a la práctica pueden ser complejas y requerir muchos recursos. Antes de decidir si está listo para realizar una encuesta, reflexione sobre algunas ventajas y desventajas.

Encuestas: algunas ventajas y desventajas

Ventajas	Desventajas
Una encuesta puede ofrecer información específica sobre mucha gente en poco tiempo.	Sólo se puede dedicar un breve espacio de tiempo a cada persona, de modo que la información que reciba de ellos podría ser limitada.
	Además, necesitará tiempo para analizar y utilizar toda la información que recopile.
Puede utilizar información obtenida de algunas personas para hacer planes para toda la población.	Las personas seleccionadas pueden estar dispuestas a cooperar pero no tienen por qué ser repersentativas de la población.
Es necesario estandarizar los métodos y formas utilizados para recopilar información de modo que los resultados se puedan comparar con fiabilidad (véase la **Herramienta 8**, por ejemplo).	Estos métodos podrían proporcionar información superficial. Los entrevistados pueden responder lo que crean que el entrevistador quiere oir.
Una encuesta requiere un cuidadoso planteamiento previo para determinar qué información podemos obtener, de quién, cómo y cuándo.	Es posible que no haya tiempo. Si no se comprende perfectamente la manera de vivir, la información que la gente ofrezca puede ser engañosa.
Si se emplea personal no pagado o voluntario, se puede obtener mucha información a bajo coste.	A menudo, una encuesta a gran escala es difícil de supervisar debido al coste del personal y a las distancias que tiene que recorrer.

Fuente: *Partners in Evaluation: Evaluating Development and Community Programmes with Participants,* © Marie-Thérèse Feuerstein, 1986. Reproducido con permiso de Macmillan Publishers Ltd.

Herramienta 8:
Cómo valorar la necesidad
de protección infantil

Puede utilizar este listado básico en los distintos ámbitos en que trabaja o planea trabajar, o adaptarlo para evaluar las necesidades de protección de otros grupos vulnerables. Consulte las páginas 59–62 para ver otros recursos y listas.

1. ¿Ha habido casos de niños...
    *   muertos en este desastre?
    *   heridos?
    *   desaparecidos?

2. ¿Hay grupos de niños sin acceso a...
    *   comida?
    *   agua?
    *   alojamiento?
    *   atención sanitaria?
    *   educación?

3. ¿Se ha informado de estos casos? ¿A qué organización?

4. ¿Ha habido casos de...
    *   niños separados de sus padres?
    *   familias que han perdido niños?
    *   niños enviados a lugares seguros?

5. En general, ¿las familias se han desplazado en grupo?

6. ¿Hay grupos de niños viviendo juntos sin adultos? ¿Incluyen estos grupos a niños menores de cinco años?

7. ¿Hay individuos adultos que hayan asumido la responsabilidad de cuidar a un gran grupo de niños?

8. Enumere las organizaciones que cuiden de niños separados de sus familias.

9. ¿Hay alguna preocupación grave de protección y asistencia a niñas que aún no se haya mencionado?

10. ¿Hay alguna preocupación grave de protección y asistencia a niños que aún no se haya mencionado?

11. ¿Qué organizaciones trabajan en protección infantil en la región?

Fuente: World Vision (sin fecha). *Formulario de evaluación rápida de protección infantil en situaciones de desastre natural,* (documento de uso interno, adaptado).

Herramienta 9:
Cómo observar

En algunas situaciones, la observación informal puede ser la única posible, y puede servir para hacer una evaluación o un seguimiento de los cambios.

«Miro si la gente se está trasladando a las casas. Pregunto si se sienten seguros. Miro si sonríen, si están felices. Miro si los niños vuelven a la escuela.» (John Watt)

Observar a la gente:
algunos consejos y posibles problemas

Consejos	Posibles problemas
Explique por qué quiere observar a la gente del lugar y cómo va a utilizar la información que recoja. Pida permiso a los habitantes del lugar.	Observar a la gente puede alterar sus comportamientos y rutinas habituales.
Invite a los habitantes a observar el lugar con usted.	Si un observador conoce bien a la gente a quien observa, podría tener más dificultades para mantener la imparcialidad.
Dé una formación breve a los observadores y ayúdelos a cumplir con su labor. Acuerden qué información desean obtener mediante la observación.	Involucrar a muchos observadores puede provocar que haya muchas opiniones y observaciones distintas.
Al acabar, compare notas y reúna las observaciones cuanto antes mejor. Documente los resultados por escrito y úselos.	Los resultados que no se documenten inmediatamente serán menos fiables.

Fuente: *Partners in Evaluation: Evaluating Development and Community Programmes with Participants,* © Marie-Thérèse Feuerstein 1986. Reproducido con permiso de Macmillan Publishers Ltd.

Herramienta 10:
Cómo empezar a usar indicadores

Es posible que su organización ya disponga de un procedimiento de indicadores propio. De lo contrario, esta presentación podría ayudarle a desarrollar indicadores «suficientemente buenos» con las personas afectadas por una emergencia.

Los indicadores son números o declaraciones que ayudan a medir, simplificar y comunicar cambios e impacto.

Los indicadores cuantitativos usan números, y los cualitativos, palabras o imágenes. Ambos tipos son necesarios.
Por ejemplo, un indicador cuantitativo puede decirle cuántos niños reciben raciones, mientras que un indicador cualitativo le dirá el grado de satisfacción con la comida.

Al pensar indicadores, use el planteamiento «suficientemente bueno»:

* Investigue si el proyecto ya tiene algún indicador.

* No desarrolle demasiados indicadores nuevos: use el mínimo posible.

* Intente mantener el equilibrio entre indicadores cuantitativos y cualitativos.

* Recopile solamente la información que más necesite.

* Asegúrese de que los indicadores que elija verdaderamente midan el cambio deseado.

* Después de hacer un seguimiento de los cambios partiendo de los indicadores, analice y use esta información para tomar decisiones.

Indicadores Esfera

El planteamiento «suficientemente bueno» reconoce la necesidad de remitirse a estándares ampliamente aceptados. Esfera ofrece los indicadores más conocidos de impacto humanitario. Estos indicadores crean un «idioma común» y permiten comparar proyectos.

Esfera acepta que los indicadores se pueden modificar en ciertos contextos. En el recuadro que viene a continuación, una organización explica por qué no pudo entregar los 7-15 litros de agua diarios recomendados por persona. Si no se pueden cumplir los indicadores, es importante ser transparente para documentar los motivos durante la evaluación y el seguimiento del impacto y, si es posible, trabajar para que se puedan cumplir los indicadores.

Proyecto Etiopía

En un proyecto tras una sequía en Etiopía el año 2000 entregamos agua a 400.000 personas. Entregamos aproximadamente 5 litros por persona al día en lugar de los 15 recomendados, ya que esta última cantidad superaba la capacidad de los donantes y nuestras posibilidades logísticas. Anunciamos claramente que sólo proporcionábamos agua para el consumo personal y para cocinar.

Indicadores de cambio

Siempre que sea posible, asegúrese de que las mujeres, hombres y niños afectados por la emergencia participen en la decisión de qué cambios quieren ver. En una reunión, taller o conversación individual, pregunte a los miembros de la comunidad qué cambios esperan una vez finalizado el proyecto. Reúnase por separado con las mujeres y con los demás grupos.

Pregunte a las personas afectadas qué ocurrirá si el proyecto es un éxito. «Imagínese que el proyecto se acaba. ¿Cómo se beneficiará la gente? ¿Cómo afectará a sus vidas? ¿Qué ocurrirá?». La respuesta que la gente dé a estas preguntas le ayudará a encontrar los indicadores que necesita para hacer un seguimiento del progreso y los cambios.

Los indicadores de cambio desarrollados por una comunidad:

- pueden ser compatibles con otros indicadores, o no serlo,
- pueden parecer ilógicos a los forasteros,
- pueden ser aplicables a otras emergencias u otras comunidades,
- pueden no tener límite de tiempo,
- pueden no permitir comparar proyectos.

Sin embargo, hay una manera de asegurarse de que el personal del proyecto mire a través de los ojos de los beneficiarios, permitir a la gente expresar sus opiniones y tener en cuenta sus experiencias y deseos.

Proyecto Sudán

En un proyecto hidrológico en el Sudán meridional, el personal del proyecto valoró el éxito del mismo utilizando un indicador Esfera que medía la distancia entre la fuente de agua y la comunidad.

Al mismo tiempo, la comunidad calculó el éxito contando cuántas niñas iban a la escuela. Si la fuente estaba más cerca de la comunidad, las niñas se llevaban los cubos a la escuela e iban a buscar agua a la vuelta.

¿Qué opinión merecían a la población local los cambios que provocaba en su comunidad el hecho de tener el agua más cerca y que las niñas pudieran ir al colegio? El recuadro de la página 23 muestra un ejemplo de cómo medir la satisfacción.

Fuente: V. M. Walden (2005). *Community Indicators,* Oxfam (documento de uso interno); L. Bishop (2002). *First steps in Monitoring and Evaluation, Charities Evaluation Services;* entrevista a Margarita Clark, Save the Children.

Herramienta 11:
Cómo celebrar una reunión
de lecciones aprendidas

Objetivo

- Que el personal del proyecto se reúna y comparta información.
- Crear acuerdo acerca de las actividades que se llevan a cabo.
- Crear acuerdo acerca de los cambios que pretende hacer.
- Documentar información y decisiones clave y actuar en consonancia.

Qué necesitará

- Un asesor contable, si dispone de uno.
- Una persona que actúe como facilitadora.
- Otra persona para documentar por escrito resultados, comentarios y decisiones clave.

Preguntas para el personal del proyecto

1. ¿Con qué personas trabaja?
2. ¿Cuáles de ellas son particularmente vulnerables?
3. ¿Con quién ha hablado desde la última reunión?
4. ¿Qué información ha obtenido de ellos?
5. ¿Con quién ha contrastado los resultados?
6. ¿Cómo valora los resultados en comparación con sus informes de reuniones y/o datos iniciales?
7. ¿Qué necesidades priorizan los beneficiarios?
8. ¿Qué relación tiene con sus actividades actuales?
9. ¿Qué funciona bien?
10. ¿Qué no funciona bien?
11. ¿Qué resultados intenta/debería intentar obtener, y cómo?
12. ¿Qué tengo que hacer para reducir el impacto?

Si las reuniones se celebran regularmente y se anotan los resultados, comentarios, decisiones y datos clave, pueden ayudar a actualizar información del proyecto y medir el impacto del mismo. Es especialmente importante intentar seguir este procedimiento en las primeras fases de la respuesta, un momento en que puede haber mucho movimiento de personal de campo y los equipos tienen poco tiempo para organizar sistemas.

Fuente: comunicaciones por escrito con Pauline Wilson y personal de World Vision International (adaptación).

Herramienta 12:
Cómo establecer un mecanismo de quejas y respuestas

La retroalimentación puede ser positiva o negativa: las quejas significan que algo puede haber ido mal. Recibir quejas y responder a ellas es básico para la rendición de cuentas, el impacto, y para aprender.

Información

- Explique a la gente cómo quejarse y que tienen derecho a hacerlo.
- Sírvase del personal y los carteles de anuncios para dar información sobre procesos de presentación de quejas.
- Explique claramente a qué tipos de quejas puede responder y a cuáles no.
- Conozca los procedimientos de su organización en caso de abuso o explotación de beneficiarios.
- Explique detalles del proceso de apelaciones.

Accesibilidad

- Facilite en la medida de lo posible el proceso de queja y asegúrese de que sea seguro. Plantéese los puntos siguientes:
- ¿Cómo podrán presentar quejas los usuarios que viven en lugares remotos?
- ¿Se pueden presentar quejas oralmente o sólo por escrito?
- ¿Es posible presentar una queja en nombre de otra persona (debido a su analfabetismo, a temor por su seguridad personal, imposibilidad de viajar, etc.)?

Procedimientos

- Describa cómo se tramitarán las quejas.
- Cree un formulario de queja estándar.
- Dé un recibo a la persona que presenta la queja. Idealmente, una copia de su formulario firmado.
- Asegúrese de que se pueda hacer un seguimiento de la investigación, y guarde estadísticas de quejas y respuestas.
- Mantenga los archivos de quejas confidenciales. Asegúrese de que no se pueda determinar quién presentó una queja originalmente a partir de la discusión de la misma.
- Conozca los procedimientos de su organización en caso de quejas contra el personal.

Respuesta

- Responda a las quejas de los beneficiarios.
- Asegúrese de que todas las personas que presenten quejas reciban una respuesta y de que se emprendan las acciones apropiadas.
- Sea coherente: asegúrese de que las quejas similares reciban una respuesta similar.
- Esté al tanto de los procesos de quejas y tenga un proceso de apelaciones.

Aprender

- Aprenda de las quejas y los errores.
- Recopile las estadísticas y haga un seguimiento de las tendencias existentes.
- Incorpore lo que aprenda a la toma de decisiones y actividades de proyecto.

Un mecanismo de quejas y respuestas en acción

Medair respondió al terremoto de octubre de 2005 en Cachemira con refugios de emergencia y material no alimentario. El equipo a menudo se dio cuenta de que necesitaba un mecanismo para responder a las consultas y quejas constantes. La base del proyecto dedicaba una hora al día a responder a las quejas. Esta hora era la única en que se podían presentar quejas.

La persona que deseaba presentar una queja podía hablar con el administrador o el director de la oficina. Siempre que era posible, las quejas se resolvían formalmente. En caso contrario, el personal de la oficina rellenaba un formulario de queja y lo transmitía a un equipo de evaluación sobre el terreno. El director de proyecto de cada base investigaba las quejas relativas a miembros del personal.

La mayoría de quejas procedían de supervivientes del terremoto que no habían recibido alojamiento. También hubo quejas de personas procedentes de fuera de la zona de proyecto de Medair. En esos casos, Medair presionaba a la organización responsable. A veces, si no ocurría nada, Medair misma ofrecía asistencia. Si una queja investigada por un equipo de evaluación tenía base, el beneficiario recibía la ayuda que Medair pudiese prestar con sus recursos.

El número de quejas de cada pueblo y la cifra de quejas que habían recibido respuesta se incluían en una hoja de cálculo. Así el personal del proyecto podía progresar e integrar quejas en la planificación de proyectos.

Hacia el final de la fase de emergencia, Medair había tramitado aproximadamente 1.600 quejas, un 70% de las que había recibido. No todas las quejas se pudieron investigar, puesto que en marzo de 2006 Medair había agotado todos los fondos de su proyecto, y analizar más hogares habría creado falsas expectativas. Además, cinco meses después del terremoto la mayoría de casas ya habían sido rehabilitadas. Un 18% de las quejas investigadas tenían fundamento. Las quejas llevaron al despido de tres miembros del personal que habían dado trato preferente a los miembros de su tribu o de su familia.

El mecanismo de quejas ahorró bastante tiempo a los equipos de Medair, tanto al personal de campo como al de oficinas a la hora de identificar lagunas en la cobertura. Este mecanismo permitió a Medair ayudar a 290 familias cuyas necesidades de lo contrario habrían sido ignoradas.

Medair actuaba por primera vez en Pakistán, y el mecanismo de quejas y respuestas permitió compensar por los limitados conocimientos sobre la situación local. Hacia el final del proyecto, las comunidades se ponían en contacto con Medair para comentar las discrepancias que observaban, lo cual demuestra que confiaban que la organización emprendería las acciones adecuadas.

Fuente: comunicaciones por escrito con Robert Schofield y John Primrose, Medair (adaptación).

Herramienta 13:
Cómo hacer un informe verbal

Incluso entre las personas afectadas por la emergencia que hayan participado en todo el proyecto habrá algunas que sepan más de la cuestión que otras. A continuación incluimos algunos consejos sobre cómo hacer un informe verbal acerca del proyecto al conjunto de la comunidad.

Sea breve

No esconda información. Intente que la gente recuerde los puntos principales de lo ocurrido.

Piense qué necesita saber la gente

Prepare una presentación verbal que corresponda a las necesidades de los oyentes.

Destaque los puntos principales

Si puede, utilice pósteres, citas, fotografías, diapositivas, tablas y gráficos.

Fomente la participación

Puede utilizar una sesión de preguntas y respuestas, un panel o una breve representación.

Anime a la gente a decir lo que piensa

Es posible que la gente tenga opiniones encontradas acerca del proyecto y de los cambios que genera. Plantéese de antemano cómo abordará estas opiniones distintas.

Escuche y sea diplomático

Intente mantener un ambiente agradable y buenas relaciones entre los asistentes, especialmente si expresan opiniones distintas. Intente que la discusión se acabe con un talante positivo.

Fuente: *Partners in Evaluation: Evaluating Development and Community Programmes with Participants*, © Marie-Thérèse Feuerstein, 1986. Reproducido con permiso de Macmillan Publishers Ltd.

Herramienta 14:
Cómo despedirse

Esta herramienta puede ayudar a que la partida de su organización al final del proyecto sea transparente y transcurra sin problemas. La gente que haya participado en su proyecto, incluidos los beneficiarios, el personal, y las organizaciones asociadas y las autoridades locales, deberían estar informados de qué ocurre y por qué.

Defina detalladamente las necesidades de comunicación y actividades. Por ejemplo:

1. Escriba una carta al personal y a continuación celebre reuniones individuales o en grupo.

2. Escriba una carta oficial sobre el fin del proyecto para los dirigentes regionales, provinciales y para los líderes del pueblo, incluidos los ancianos y los líderes informales Después de enviar las cartas, infórmeles en persona Cuelgue una copia de la carta que ha enviado a los líderes del pueblo en los tableros de anuncios.

3. Entregue al personal una hoja de preguntas y respuestas para que les sirva de guía al hablar con los beneficiarios del fin del proyecto.

4. Planifique cómo se realizarán las reuniones de salida con las comunidades.

5. Informe acerca de los logros del proyecto y lo que haya aprendido.

6. Escriba una carta al resto de ONG y socios, y después infórmeles en persona.

7. Organice grupos de análisis y/o visitas casa por casa para llegar a las mujeres y grupos vulnerables que no hayan podido asistir a las reuniones formales.

8. Use pósters y folletos, Incluidos formatos apropiados para personas con dificultades para leer.

9. Anime a la gente a expresar opiniones y comentarios sobre las actividades del proyecto.

10. Recopile historias sobre tareas con éxito e interacción positiva con la comunidad, y hágalas llegar a la comunidad. Por ejemplo, puede organizar una exposición fotográfica durante la entrega.

11. Dé apoyo a las actividades culturales apropiadas o a las celebraciones al entregar los proyectos a la comunidad.

12. Evalúe las actividades de comunicación de salida y dé parte de las lecciones que haya aprendido.

Fuente: T. Gorgonio (2006). *Notes on Accountable Exit from Communities when Programmes Close,* Oxfam GB Filipinas (documento de uso interno, adaptado).

Capítulo 7:
Otras iniciativas de rendición de cuentas

Una guía suficientemente buena se basa en el trabajo
de muchas organizaciones, incluidas iniciativas del sector
asistencial como ALNAP, HAP International, People In Aid
y Esfera. Si desea más información, consulte los enlaces que
vienen a continuación.

ALNAP

ALNAP fue fundada en 1997 después de una evaluación
de varias organizaciones como respuesta al genocidio
de Ruanda. Los miembros de ALNAP incluyen a organizaciones y expertos de todos los campos del sector humanitario, como donantes, ONG, Cruz Roja/Media Luna
Roja, Naciones Unidas y organizaciones independien-
tes/académicas. El objetivo de ALNAP es mejorar la calidad y la rendición de cuentas de la acción humanitaria
compartiendo conocimientos, identificando problemas
comunes y, si es el caso, construyendo acuerdo sobre
cómo abordar una situación.
www.alnap.org

HAP International

La Asociación de Rendición de Cuentas (HAP, por sus
siglas en inglés) fue fundada por un grupo de organizaciones humanitarias para que los supervivientes a desastres les pudieran pedir que rindieran cuentas de su labor.
Formar parte de la HAP requiere un compromiso formal
de cumplir los Principios de Rendición de Cuentas que
la HAP ha desarrollado a lo largo de cinco años de investigación de acción y ensayos sobre el terreno. La norma

de gestión de calidad y rendición de cuentas de la HAP
incluye una serie de referencias auditables que garanti-
zan la rendición de cuentas a los beneficiarios. El manual
de rendición de cuentas de la HAP incluye partes de *Una
guía suficientemente buena.*
www.hapinternational.org

People In Aid

People In Aid es una red global de organizaciones de desarrollo y asistencia humanitaria fundada el 1995 que ayuda a
las organizaciones a mejorar el impacto de sus proyectos
a través de una mejor gestión y apoyo de personal y voluntarios. El código de buenas prácticas de People in Aid incluye siete principios definidos por indicadores. Un audi-
tor social externo puede verificar a intervalos regulares
el compromiso con dicho código. Desde 2001 la conformi-
dad con el código se ha reconocido mediante el galardón
marcas de calidad de People in Aid.
www.peopleinaid.org

Esfera

Esfera fue creada el 1997 por un grupo de ONG humanitarias y el movimiento Cruz Roja/Media Luna Roja.
Ha desarrollado un manual que incluye una carta humanitaria, normas para cuatro sectores (agua/alcantarillado
y fomento de la higiene; seguridad alimentaria; nutrición
y ayuda alimentaria; e infraestructura y productos no ali-
mentarios y servicios sanitarios), además de normas
comunes a todos los sectores. La carta y las normas con-
tribuyen a crear un marco operativo para la rendición
de cuentas en ayuda en caso de desastre. Este manual
se revisa regularmente de acuerdo con usuarios. La revi-
sión más reciente se publicó el 2004 y la próxima se publicará el 2009.
www.sphereproject.org

Capítulo 8:
Fuentes, información adicional
y abreviaturas

Las referencias indicadas en este capítulo están ordenadas
según a qué sección de la *Guía* corresponden. Las «Fuentes»
incluyen toda la documentación de la cual se ha obtenido
material, y en «Información adicional» ofrecemos al lec-
tor otros recursos útiles sobre temas concretos. Todas
las direcciones de Internet incluidas estaban activas
en diciembre de 2006.

Involucrar a la gente en todas las fases

(Capítulo 1)

Fuentes:

Bhattacharjee, A., Rawal, V., Fautin, C., Moore, J.-L.,
Kalonge S. y Walden, V. (2005). *Multi-Agency Evaluation of
Tsunami Response: India and Sri Lanka Evaluation*, CARE
Internacional, Oxfam GB y World Vision International,
disponible en: http://www.ecbproject.org/publica-
tions/ECB2/Multi-Agency%20Evaluation%20-
%20India%20and%20Sri%20Lanka.pdf

Esfera (2004). «Common Standard 1: Participation», en *Sphere
Humanitarian Charter and Minimum Standards in Disaster
Response*, Proyecto Esfera, disponible en: http://www.sphe-
reproject.org/content/view/29/84/lang,English/

Gorgonio, T. y Miller, A. (2005). *Need To Know List*, Oxfam
GB Filipinas y Oxfam GB (documento de uso interno).

Los principios de rendición de cuentas de la HAP están
disponibles en: http://www.hapinternational.org
/en/page.php?ID page=3&IDcat=10

IFRC (1994). *The Code of Conduct for the International Red
Cross and Red Crescent Movement and NGOs in Disaster
Relief*, disponible en: http://www.ifrc.org/publicat/con-
duct/index.asp?navid=09_08

Jacobs, A. (2005). *Accountability to Beneficiaries: A Practical Checklist*, Mango para Oxfam GB, disponible en:
http://www.mango.org.uk/guide/files/draft-accountability-checklist-nov05.doc

Phoeuk, S. (2005). *Practical Guidelines on Humanitarian Accountability*, Oxfam GB Camboya (documento de uso interno).

Wall, I. con UN-OCHA (2005). *"Where's My House?": Improving communication with beneficiaries: an analysis of information flow to tsunami affected populations in Aceh Province*, PDNU, disponible en: http://www.humanitarianinfo.org/sumatra/reference/assessments/doc/other/UNDP-WhereMyHouseFinal.pdf

Información adicional

ACNUR (2006). «A rights-based approach including accountability to refugees», en *Operational Protection in Camps and Settlements*, disponible en:
http://www.unhcr.org/publ/PUBL/448d6c122.pdf

Blagescu, M., de Las Casas, L., y Lloyd, R. (2005). *Pathways to Accountability: A Short Guide to the Global Accountability Project Framework*, One World Trust, disponible en:
http://www.oneworldtrust.org/pages/download.cfm?did=315

Cabassi, J. (2004). «Involvement of PLHA (People living with HIV/AIDS)», en *Renewing Our Voice: Code of Good Practice for NGOs Responding to HIV/AIDS, the NGO HIV/AIDS Code of Practice Project*, disponible en:
http://www.ifrc.org/Docs/pubs/health/hivaids/NGOCode.pdf?health/hivaids/NGOCode.pdf

HAP International (se publicará en 2007). *Manual of Humanitarian Accountability and Quality Management.*

Perfil de las personas afectadas por la emergencia (Capítulo 2)

Fuentes:

Burns, S. y Cupitt, S. (2003). *Managing outcomes: a guide for homelessness organisations*, Charities Evaluation Services, disponible en: http://www.ces-vol.org.uk/downloads/managingoutcomes-16-22.pdf

Clifton, D. (2004). *Gender Standards for Humanitarian Responses*, Oxfam GB (documento de uso interno).

Esfera (2004). «Common Standard 2: Initial Assessment», en *Sphere Humanitarian Charter and Minimum Standards in Disaster Response*, Proyecto Esfera, disponible en: http://www.sphereproject.org/content/view/30/84/lang,English/

Federación Internacional de la Cruz Roja y Media luna Roja (2005). *Informe mundial sobre desastres*, disponible en: http://www.ifrc.org/publicat/wdr2005/index.asp

Feuerstein, M.-T. (1986). *Partners in Evaluation: Evaluating Development and Community Programmes with Participants*, Macmillan (adaptación), disponible en: http://www.talcuk.org/catalog/product_info.php?manufacturers_id=&products_id=225&osCsid=ed7945aaa4079bfe51af4fb2413c4cc6. Para pedir lotes sírvase ponerse en contacto con Victoria Rose en Macmillan Education: vrose@macmillan.com

Gosling, L. con Edwards, M. (2003). *Toolkits: a practical guide to planning, monitoring, evaluation and impact measurement, Save the Children,* disponible en: http://www.savethechildren.org.uk/scuk/jsp/resources/details.jsp?id=594&group=resources&section=publication&subsection=details

Groupe Urgence Réhabilitation Développement for

ALNAP (2003). *Participation by Crisis-Affected Populations in Humanitarian Action: A Handbook for Practitioners*, borrador, disponible en: http://www.alnap.org/publications/gs_handbook/gs_handbook.pdf

IFRC (2000). «Disaster Emergency Needs Assessment», en *Disaster Preparedness Training Manual*, disponible en: http://www.ifrc.org/cgi/pdf_dp.pl?disemnas.pdf

Oxfam (sin fecha), *Background Information: Checklist for Rapid Assessments In Emergencies*, (documento de uso interno).

Schofield, R. (2003). *Do's of interviewing beneficiaries*, Medair (documento de uso interno).

Srodecki, J. (2001). *World Vision Use of Sphere Standards in a Large Scale Emergency: A Case Study of the Spring 2001 Gujarat Response*, World Vision International (documento de uso interno).

USAID *Centre for Development Information and Evaluation* (1996). «Conducting Focus Group Interviews», en *Performance Monitoring and Evaluation TIPS*, nº 10, disponible en: http://www.usaid.gov/pubs/usaid_eval/ascii/pnaby233.txt

Walden, V. M. (sin fecha). *Focus group discussion*, Oxfam GB (documento de uso interno).

World Vision (sin fecha). *Rapid child protection assessment form in situations of natural disasters*, (documento de uso interno).

Información adicional

Cabassi, J. (2004). «Involvement of PLHA (People living with HIV/AIDS)», en *Renewing Our Voice: Code of Good Practice for NGOs Responding to HIV/AIDS, the NGO HIV/AIDS Code of Practice Project*, disponible en:

http://www.ifrc.org/Docs/pubs/health/hivaids/N
GOCode.pdf?health/hivaids/NGOCode.pdf

Comité Permanente entre Organismos (2006). *Women,
Girls, Boys and Men: Different Needs – Equal Opportunities:
A Gender Handbook for Humanitarian Action*, (borrador),
disponible en: http://www.humanitarian
info.org/iasc/content/documents/default.asp?docID=1
948&publish=0

Comité Permanente entre Organismos (2005).
*Directrices aplicables a las Intervenciones contra la
Violencia por Razón de Género en Situaciones
Humanitarias*, disponible en: http://www.humanita-
rianinfo.org/iasc/content/products/docs/Violencia
%20por%20Razon%20de%20Genero.pdf

Jones, H. y Reed, B. (2005). *Water and Sanitation for
Disabled People and Other Vulnerable Groups: Designing
services to improve accessibility*, WEDC, disponible en:
http://wedc.lboro.ac.uk/publications/details.php?b
ook=1%2084380%20079%209

Keeping Children Safe: Standards for Child Protection, disponible en: http://www.keepingchildrensafe.org.uk

Mobility International USA (2004). *Checklist for inclu-
sion*, disponible en: http://www.miusa.org/publica-
tions/freeresources/Checklist_for_Inclusion.pdf

Oficina del Alto Comisionado de las Naciones Unidas
para los Refugiados (ACNUR) (2006). *UNHCR Tool
for Participatory Assessment in Operation*, disponible en:
http://www.unhcr.org/publ/PUBL/450e963f2.html

Slim, H. y Bonwick, A. (2006). *Protection: an ALNAP
Guide for Humanitarian Agencies*, Oxfam, disponible
en: http://www.odi.org.uk/alnap/publications/pro-
tection/alnap_protection_guide.pdf

USAID (2005). *Field Operations Guide for Disaster
Assessment and Response: Version 4.0*, disponible en:
http://www.usaid.gov/our_work/humanitarian_assi

stance/disaster_assistance/resources/pdf/fog_v3.pdf

Wells, J. (2005). «Checklist for older persons in inter-
nally displaced persons camps», en *Protecting and
assisting older people in emergencies*, HPN Network
Paper 53, Overseas Development Institute, disponible en: http://www.odihpn.org/report.asp?ID=2758

Identificar qué cambios quiere ver la gente (Capítulo 3)

Fuentes

Bishop, L. (2002). *First steps in Monitoring and
Evaluation*, Charities Evaluation Services, disponible
en: http://www.ces-vol.org.uk/downloads/first-
mande-15-21.pdf

Centre for Participation, NEF (2001). *Prove it!*, *New
Economics Foundation,* disponible en:
http://www.new economics.org/gen/z_sys_publi-
cationdetail.aspx?pid=52

Clark, Margarita, *Save the Children*, entrevista.

Clarke, Nigel, entrevista.

Esfera (2004). «Scope and limitations of the Sphere
handbook», en *Sphere Humanitarian Charter and
Minimum Standards in Disaster Response*, Proyecto Esfera,
disponible en: http://www.sphereproject.org/con-
tent/view/23/84/lang,English/

Gosling, L. con Edwards, M. (2003). *Toolkits: a practical guide to planning, monitoring, evaluation and impact
measurement*, *Save the Children,* disponible en:
http://www.savethechildren.org.uk/scuk/jsp/reso
urces/details.jsp?id=594&group=resources&sec-
tion=publication&subsection=details

Oxfam GB (sin fecha). *Rebuilding Lives in Sri Lanka for
Tsunami Affected People: Oxfam's Integrated Transitional
Shelter Programme.*

Walden, V. M. (2005). *Community Indicators*, Oxfam (documento de uso interno).

Información adicional

Esfera (2004). «Common Standard 3: Response», en *Sphere Humanitarian Charter and Minimum Standards in Disaster Response*, Proyecto Esfera, disponible en: http://www.sphereproject.org/content/view/31/84/lang,English/

Esfera (2004). «Common Standard 4: Targeting», en *Sphere Humanitarian Charter and Minimum Standards in Disaster Response*, Proyecto Esfera, disponible en: http://www.sphereproject.org/content/view/32/84/lang,English/

Jobes, K. (1997). *Participatory Monitoring and Evaluation Guidelines, Experiences in the field, St Vincent and the Grenadines*, DFID, disponible en: http://portals.wi.wur.nl/files/docs/ppme/PPME.pdf

Sigsgaard, P. (2002). *Monitoring without indicators*, Evaluation Journal of Australasia 2 (1), disponible en: http://www.aes.asn.au/publications/Vol2No1/monitoring_without_indicators_msc.pdf

Seguimiento de los cambios y transformación de la retroalimentación en un proceso recíproco (Capítulo 4)

Fuentes

Burns, S. y Cupitt, S. (2003). *Managing outcomes: a guide for homelessness organisations*, Charities Evaluation Services, disponible en: http://www.ces-vol.org.uk/downloads/managingoutcomes-16-22.pdf

Danish Refugee Council y HAP International, (2006). *Complaints-handling for the Humanitarian Sector: Seminar Report*, disponible en: http://www.hapinternational.org/en/complement.php?IDcomplement=57&IDcat=4&IDpage=76

Feuerstein, M.-T. (1986). *Partners in Evaluation: Evaluating Development and Community Programmes with Participants*, Macmillan (adaptación), disponible en: http://www.talcuk.org/catalog/product_info.php?manufacturers_id=&products_id=225&osCsid=ed7945aaa4079bfe51af4fb2413c4cc6. Para pedir lotes sírvase ponerse en contacto con Victoria Rose en Macmillan Education: vrose@macmillan.com

Meissner R., Zachariah, A., y Schofield, R. (2005). «Beneficiary feedback tools in West Darfur», *Boletín de noticias internacional de HAP* nº 5, agosto, disponible en: http://www.hapinternational.org/pdf_word/887-Newsletter%20Issue%20no%205.doc

Schofield, R. y Primrose, J., Medair, comunicado por escrito.

Walden, V. M. (2005), *Monitoring and Evaluation*, Oxfam (documento de uso interno).

Watt, John, entrevista.

Wilson, Pauline, comunicado por escrito.

Información adicional

CDA Collaborative Learning Projects (2005). *Report of The Listening Project, Aceh, Indonesia*, Noviembre, disponible en: http://www.cdainc.com

Esfera (2004). «Common Standard 5: Monitoring», en *Sphere Humanitarian Charter and Minimum Standards in Disaster Response*, Proyecto Esfera, disponible en: http://www.sphereproject.org/content/view/33/84/lang,English/

Esfera (2004). «Common Standard 6: Evaluation», en *Sphere Humanitarian Charter and Minimum Standards in Disaster Response*, Proyecto Esfera, disponible en: http://www.sphereproject.org/content/view/34/84/lang,English/

International Council of Voluntary Agencies (2006). *Building Safer Organisations project: resources on protection from sexual exploitation and abuse*, disponible en: http://www.icva.ch/doc00000706.html

Mango (2005). *Who Counts? Financial Reporting to Beneficiaries: Why is it Important?*, disponible en: http://www.mango.org.uk/guide/files/who-counts-why-it-is-important-apr05.doc

People In Aid (2003). «People In Aid Code of Good Practice in the Management and Support of Aid Personnel», disponible en: http://www.peoplei-naid.org/code/online.aspx

Usar la retroalimentación para mejorar el impacto del proyecto (Capítulo 5)

Fuentes

Gorgonio, T. (2006). *Notes on Accountable Exit from Communities when Programmes Close*, Oxfam GB Filipinas (documento de uso interno).

Miller, Auriol, entrevista

Owubah, C., Greenblott, K. , y Zwier, J. (2005). *Top 10 C-SAFE Initiatives in Monitoring & Evaluation*, CARE, CRS, Visión Mundial, ADRA, USAID, disponible en: http://pdf.dec.org/pdf_docs/PNADE672.pdf

Información adicional

Key Messages from ALNAP's Review of Humanitarian Action in 2003: Enhancing Learning at Field Level and Evaluating Humanitarian Action, disponible en: http://www.alnap.org/publications/RHA2003/pdf s/RHA03_KMS.pdf

Prasad, R. R. (2006). «Sri Lanka, Giving voice to people's grievance», *ReliefWeb*, 21 de junio, disponible en: http://www.reliefweb.int/rw/rwb.nsf/db900SID/ACIO-6QYDWJ?OpenDocument

Roche, C., Kasynathan, N. , y Gowthaman, P. (2005). *Bottom-up Accountability and the Tsunami*, artículo preparado para la International Conference on Engaging Communities, Oxfam Australia, Brisbane, 14–17 de agosto, disponible en: http://www.engaging-communities2005.org/abstracts/Roche-Chris-final.pdf

Abreviaturas

ALNAP *Active Learning Network for Accountability and Performance in Humanitarian Action*

C-SAFE Consorcio para emergencias en seguridad alimentaria en África meridional

ECB *Emergency Capacity Building Project*

HAP Asociación de Rendición de Cuentas Internacional

ONG Organización no gubernamental

Agradecimientos

Una guía suficientemente buena fue desarrollada mediante una amplia serie de consultas iniciada en noviembre de 2005. La información incluida procede de talleres y pruebas sobre el terreno, así como de conversaciones personales, por e-mail y teléfono. El Emergency Capacity Building Project se complace en dar las gracias a las muchas personas y organizaciones que aportaron sus conocimientos.

Anfitrión del proyecto

World Vision International

Comité editorial

Sheryl Haw
Ivan Scott
Guy Sharrock
Julian Srodecki
Pauline Wilson

Personal del proyecto

Jefe de proyecto: Pauline Wilson
Delegada de gestión de conocimientos e investigación: Malaika Wright
Administración y coordinación: Susan Lee, Sarah Gerein
Director de proyecto ECB: Greg Brady

Asesores

Redactora: Sara Davidson
Jefe de pruebas sobre el terreno: Christophe Lanord
Directores de taller: Emma Jowett, Sean Lowrie, Juan Sáenz, Ana Urgoiti

Colaboradores

Odette Abascal, Zonia Aguilar, Roberto Álvarez,
Barbara Ammrati, Ribka Amsalu, Penny Anderson,
Hugh Aprile, Jock Baker, Olga Bornemisza, Catalina
Buciu, Maribel Carrera, Saskia Carusi, Esteban
Casado, Mario Chang, Zia Choudhury, Margarita
Clark, Nigel Clarke, Carlos Consuegra, Larry
Dersham, Assane Diouf, Jagannath K. Dutta, Velida
Dzino, Charlie Ehle, Francisco Enríquez, Hani
Eskandar, Andy Featherstone, Mark Ferdig, Dane
Fredenburg, Pamela Garrido, Meri Ghorkhmazyan,
Juan Manuel Girón, Kent Glenzer, Krishnaswamy
Gopalan, Ting Gorgonio, Marianna Hensley, Maurice
Herson, Amy Hilleboe, Claudia Hoechst, Holly
Inurretta, Iraida Izaguirre, Mark Janz, Alison Joyner,
Nfanda Lamba, Liz Larson, Caroline Loftus, Richard
Luff, Florame S. Magalong, Paul Majarowitz, Thabani
Maphosa, Elisa Martinez, Daryl Martyris, Ayman
Mashni, Cherian Mathew, Auriol Miller, Amilcar
Miron, Eleanor Monbiot, Otilia Judith Mulul, Mayra
Muralles, Mamadou Ndiaye , Monica Oliver,
Danadevi Paz, Marion O'Reilly, Oxfam Aceh team,
Chris Palusky, Warner Passanisi, Joshua Pepall, Sok
Phoeuk, Adán Pocasangre, Maura Quinilla, Adhong
Ramadhan, Lynn Renken, Claudia Reyna, Karen
Robinson, Blaise Rodriguez, Mónica Rodríguez, Luis
A. Rohr, Susan Romanski, Jim Rugh, Lauren Sable,
Abdoulaye Sagne, Marco Vinicio Salazar, Robert
Schofield, La Rue Seims, Daniel Selener, Gretchen
Shanks, Juan Skinner, Aaron Skrocki, Clare Smith,
Ingvild Solvang, Megan Steinke, Nicholas Stockton,
Beatrice Teya, Ibrahima Thiandoum, Jutta Teigeler ,
Cristóbal Ventura, María E. Vidaurre, Carol Toms ,
Vivien Margaret Walden, Caroline Wegner, John
Watt, Kelly Williams, A. Judi Wirjawan, Sharon
Wilkinson , Ton van Zutphen

Notas

Notas

Notas

Notas

Notas